구원의 복음

이상남 목사 지음

도서출판 최선의 삶

구원의 복음

할렐루야!

지난 세월 성역 40여 년 (한국목회 15년, 미국이민목회 25년)의 발자취를 잠시 돌아보며 여기까지 인도하시고 지켜주신 에벤에셀의 하나님께 감사와 찬양과 영광을 돌려드립니다.

결코 짧지 않은 목회자의 길을 걸어오는 동안 성경 66권에 나타난 수 많은 다양한 진리의 말씀가운데 주님께서는 불초한 종에게 구원의 복음에 관한 말씀에 가장 깊은 관심과 깨달음으로 인도해 주셨습니다.

특별히 저에게는 구원의 복음에 일찍 진리의 눈을 뜨고 집중적으로 연구하게 된 동기와 계기가 있었습니다. 서울정릉에서 목회하다가 강원도 속초 성결교회에 부임하여 3년간 목회하는 동안 한번은 속초시내 교역자 특별세미나에 참석할 기회가 있었습니다. 그때 원로 목사님 한 분이 특별강사로 오셔서 목회자 세미나를 인도하시는 중 자신이 과거 공부할 당시 평양신학교에서 마포삼열교수님에게 들었던 말씀을 인용하면서 다음과 같은 도전적인 말씀으로 우리 후배들을 교훈해 주셨습니다.

"여러분들이 신학교를 졸업하고 나가서 목회할 때 온갖 수단방법으로 교인들 머리 숫자나 많이 끌어 모아 놓은 것으로 목회성공이다! 라고 스스로 자부하지 말고 당신들 목회하는 교회 교인들 중에 오늘 죽어도 천국 갈 구원의 확신을 가지고 신앙생활을 하는 알곡 성도가 실제로 몇 사람이나 되는가에 목회사역에 중점을 두고 신앙 양심에 부끄럽지 않은 목회사역을 일생 동안 해 나가도록 힘쓰십시오!"

나는 그날 원로목사님의 이와 같은 도전적인 말씀을 듣고 교회로 돌아오면서 스스로 생각하기를 아마도 우리교회 성도들 중에는 적어도 80% 이상 정도는 구원의 확신을 가지고 신앙생활을 하고 있을 것으로 자부하였습니다. 그래서 다음날인 주일 밤 예배시간에 천국에 관한 말씀을 증거한 후에 전 교인에게 눈을 감게 하고 지금 죽어도 천국 갈 구원의 확신이 있는 성도만 손을 들어보라고 결단의 시간을 가진 결과 의외로 겨우 30% 정도 밖에는 손을 들지 않았습니다. 그

날 나는 너무나 큰 충격과 도전을 받고 그것이 계기가 되어 그 주일부터 1년 이상을 구원의 복음에 대해서만 집중적으로 연구하고 가르치고 말씀을 증거하기 시작했습니다. 그때부터 40여 년간 목회사역을 해오는 동안에도 주로 구원의 복음에 대해서 계속 연구하고 증거해 왔습니다. 오늘날 전세계적으로 순수한 예수 그리스도의 십자가 보혈과 부활에 기초한 원색적인 오직 예수의 구원의 복음은 메말라가고 종교다원주의와 같은 현대 혼합주의 이단사상이 날로 팽배해가고 있는 현실을 바라보면서 미력하나마 지난 40여 년간 목회사역에서 간간히 증거해 왔던 구원의 복음에 대한 단편적인 말씀들을 뒤늦게나마 종합적으로 총정리해 보자는 의도에서 "구원의 복음"이란 본 소책자를 발간하게 된 것을 다행스럽게 생각하는 바입니다.

　바라기는 본 책자를 통해서 이미 구원의 복음을 알고 구원의 확신을 가진 성도들은 이번에 구원에 대한 진리를 좀 더 깊이 체계적으로 종합정리하는 기회가 되기를 바랍니다. 아울러 이제까지 구원의 복음을 잘 모르고 구원의 확신이 분명치 않으셨던 분들은 금번 기회에 구원의 복음을 확실하게 배우고 올바로 깨닫고 믿고 받아드리므로 흔들리지 않는 구원의 확신 위에 자신의 신앙을 굳건히 세우는 더 할 수 없이 좋은 기회가 되시기를 간절히 바라는 마음으로 기도하는 바입니다.

　끝으로 본 책자를 집필하도록 시종 감화 감동으로 역사하신 성령

하나님께 깊은 감사를 드리며 아울러 미숙하나마 5병2어를 주님 발 앞에 드린 어린아이 같은 마음으로 본 책자를 내 사랑하는 주님 앞에 바쳐 드리고 싶습니다.

세계등대교회

사랑에 빚진 종 이상남 목사

목차

구원의 정의

본문말씀

"아들을 낳으리니 이름을 예수라 하라 이는 그가 자기 백성을 저희 죄에서 구원할 자이심이라 하니라"(마 1:21).

서론

우리 기독교 신앙의 기초와 표준은 어디까지나 살아 계신 하나님의 말씀이 기록된 성경이다. 그리고 성경 66권 중 가장 중심 되는 핵심적인 진리는 바로 "구원의 복음"이다. 그 이유는 성경말씀은 하나님께서 죄와 사망에 빠진 인류구원을 목적으로 주신 "구원의 특

성경 66권 중 가장 중심 되는 핵심적인 진리는 바로 "구원의 복음"

별 계시"이기 때문이다(딤후 3:15 참조).

따라서 성경 66권 말씀이 우리들의 신령한 영의 양식이라면 그 중에서 구원의 복음은 인체에 가장 필요한 비타민 즉 필수 영양소나 활력소와 같은 것으로 비유할 수 있다. 그런 의미에서 오늘날 우리 크리스천들에게 있어서 구원의 복음은 결코 알아도 좋고 몰라도 좋은 선택과목(옵션)이 아니라 반드시 누구나 다 꼭 알아야만 할 가장 중요한 핵심적인 필수 과목이다.

그럼에도 불구하고 오늘날 21세기 신자들의 세 가지 기적이 있다고들 말한다. 그렇다면 과연 21세기 신자들의 세 가지 기적이란 무엇을 지적하는 말일까?

① 천국 갈 구원의 확신은 없으면서 교회에는 부지런히 출석하는 것이다. 신자에게 가장 중요한 것은 언제 죽어도 천국 들어갈 수 있는 구원의 확신을 갖는 일이다.

② 성경책은 한 장도 제대로 안 읽으면서 신앙생활은 그런대로 유지해 나가는 것이다. 신자는 성경을 읽고 공부하지 않고는 그 신앙이 전혀 자라날 수도 없고 정상적으로 유지해 나갈 수도 없다.

③ 무릎 꿇는 기도생활은 전혀 안 하면서 제직 노릇은 곧잘 해먹는(?) 것이다. 전혀 기도생활 하지 않는 제직은 올바른 헌신 봉사를 할래야 할 수가 없다.

진실로 우리 성도들은 잘 벌어 잘 먹고 잘 사는 것보다 바로 알고 바로 믿고 바로 사는 것이 더 중요하다는 사실을 명심해야 한다.

그러므로 우리는 본 책자를 통해서 특별히 "구원의 복음"에 대해서 함께 연속 시리즈로 말씀을 파헤쳐가면서 피차 은혜를 받고자 한다. 부족한 종이 바라기는 이번 기회를 구원의 기초적인 신앙을 복음의 반석 위에 든든히 세울 수 있는 황금 같은 절호의 기회로 소중히 알고 활짝 열린 마음으로 구원의 원색적인 기초 복음을 신령한 믿음의 눈을 열어 바로 읽고 바로 알고 바로 깨닫는 가운데 이 말씀을 읽으시는 여러분 모두가 반석 같은 구원의 확신 위에 굳건히 세워지는 충만한 은혜가 임하시기를 주님의 이름으로 축원하는 바이다.

우리는 이제 구원의 복음 시리즈 제1탄으로 먼저 "구원의 정의"에 대해서 살펴 보기로 하자.

우리 인간이 죄와 사망에서 구원 받기 위해서는 가장 먼저 <u>구원이란 무엇인가?</u> 하는 <u>구원의 정의</u>부터 정확하게 알아야 한다. 일단 누구나 전도를 받고 교회에 나오면 대부분 구원이란 말을 가장 많이 듣게 마련이다. 그러면서도 막상 구원이 무엇입니까? 라고 물으면 정확하게 바로 알고 바로 대답해주는 사람이 그리 많지 못한 것이 사실이다. 그렇다면 과연 <u>구원이란 무엇인가?</u> 구원의 정의를 세 가지로 나누어 살펴 보기로 하자.

Ⅰ. 구원을 영어로 셀베이션(Salvation)이라고 한다.

그 본래적인 뜻은 "<u>스스로의 힘으로 살아 나오지 못할 곳에 빠진 사람을 도와서 건져 내는 것</u>"을 의미한다(救援, 救助, 救世). 따라서 구원이란 말 자체는 타력적(他力的)인 개념이 다분히 포함되어 있음을 알아야 한다.

즉 한 가지 실례를 든다면 졸졸 흐르는 시냇물이나 작은 강물에 빠졌다가 스스로 헤엄쳐 나온 경우를 구원 받았다고 하지는 않는다. 그러나 깊은 태평양 바다 한가운데 빠졌다가 헬기나 구조선에 의해서 구조받고 살아 나온 경우는 구원받았다고 말할 수 있다.

따라서, 죄와 사망에 빠진 인생의 구원은 처음부터 나 스스로의 힘과 노력으로는 전혀 불가능한 일이라는 사실부터 먼저 깨달아야 한다. 아울러 절대적인 힘을 가진 그 어떤 절대자가 전적으로 나를 도와주거나 나 대신 희생해주지 않으면 전혀 구원이란 성취될 수 없는 역사임을 분명히 알아야 한다. 그렇다면, 과연 저와 여러분은 인류 시조인 아담과 하와의 원죄와 유전 죄로 이 세상에 태어날 때부터 전혀 자기 스스로의 힘과 노력으로는 헤어 나올 수 없다. 죄와 사망의 바다에 빠져 있는 죄인인 나를 건져 주시기 위해 나 대신 희생해 주시고 도와 주시고 구원해 주실 그 절대자가 바로 누구라고 생각하는가?

죄와 사망의 바다에 빠져 있는 죄인인 나

성경은 그 분이 바로 하나님의 독생자 예수 그리스도라는 사실을 명백하게 가르쳐 주고 있다. 그러므로 요한복음 3:16에 보면 "하나님이 세상을 이처럼 사랑하사 독생자를 주셨으니 이는 저를 믿는 자마다 멸망치 않고 영생을 얻게 하려 하심이라.”라고 말씀해 주고 있고, 로마서 5:8-9에도 보면 “우리가 아직 죄인 되었을 때에 그리스도께서 우리를 위하여 죽으심으로 하나님께서 우리에게 대한 자기의 사랑을 확증하셨느니라 그러면 이제 우리가 그 피를 인하여 의롭다하심을 얻었은즉 더욱 그로 말미암아 진노하심에서 구원을 얻을 것이니.”라고 말씀해 주고 있고, 마태복음 20:28의 말씀에도 “인자(예수님)가 온 것은 섬김을 받으려 함이 아니라 도리어 섬기려 하고 자기 목숨을 많은 사람의 대속물로 주려 하심이라.”라고 말씀해 주고 있는 것이다. 할렐루야!

II. 구원을 헬라어〈원어〉로는 “쏘테리아” (σωτηρια)라고 하는데 이 말의 뜻은 두 가지로 해석된다.

첫째, 소극적인 면에서는 “멸망으로부터의 구출”을 의미한다.

둘째, 적극적인 면에서는 “하나님 나라의 영원한 생명의 부여”를 의미한다.

그러니까 결국 구원의 전반적인 범주는 죄와 사망에서부터 건짐을 받는 것만 의미한 것이 아니라, 장차 천국에 들어가서 영원한 영생복락을 누리는 단계까지를 포괄적으로 의미해 주고 있다. 그러기에 골로새서 1:13-14에는 "그가 우리를 흑암의 권세에서 건져내사 그의 사랑의 아들의 나라로 옮기셨으니, 그 아들 안에서 우리가 구속 곧 죄 사함을 얻었도다."라고 말씀해 주고 있고, 고린도후서 1:10에도 보면 "그가 이같이 큰 사망에서 우리를 건지셨고 또 건지시리라 또한 이후에라도 건지시기를 그를 의지하여 바라노라."라고 말씀해 주고 있는 것이다. 아멘.

Ⅲ. 구원을 기독교 대사전에서는 다음과 같이 정의해 주고 있다.

기독교에서 말하는 구원이란 "사랑의 하나님께서 독생자 예수 그리스도를 통해서 인류를 죄악과 고통과 죽음과 불행과 마력에서 건져내어 천국에 들어가 영생복락을 누리게 하는 것을 의미한다."라고 언급해 주고 있다.

장차 천국에 들어가서 영원한 영생복락을 누리는 단계

결국 기독교 대사전에서 설명한 구원에 대한 정의 역시 알고 보면 앞에서 언급한 구원을 의미하는 "쏘테리아" (σωτηρια)라고 하는 헬라 원어의 뜻을 좀 더 구체적으로 확대 설명한 것으로 알면 된다. 따라서 결국 기독교 대 사전에서 언급해 주고 있는 구원의 정의 가운데서 가장 주목할 만한 두 개의 어휘는 역시 "건져내어", "들어가"라는 동사이다.

그러므로 우리가 이 대목에서 무엇보다 죄인 괴수인 나와 당신을 영원한 죄와 사망에서 건져내신 은혜와 아울러 저 천국에 들어가게 하실 예수님의 지극하신 사랑을 깊이 깨닫고 목이 메도록 감사 찬송을 일생 드리며 살아가야 할 줄 믿는다. 이러므로 베드로전서 1:3-4에는 "찬송하리로다! 우리 주 예수 그리스도의 아버지 하나님이 그 많으신 긍휼대로 예수 그리스도의 죽은 자 가운데서 부활하심으로 말미암아 우리를 거듭나게 하사 산 소망이 있게 하시며 썩지 않고 더럽지 않고 쇠하지 아니하는 기업을 잇게 하시나니 곧 너희를 위하여 하늘에 간직하신 것이라."라고 말씀해 주고 있고, 디모데전서 1:15에서도 역시 "미쁘다 모든 사람이 받을 만한 이 말이여 그리스도 예수께서 죄인을 구원 하시려고 세상에 임하셨다 하였도다. 죄인 중에 내가 괴수니라!"라고 말씀해 주고 있는 것이다. 아멘!

　그렇다면 이제껏 앞에서 설명해 내려 온 구원에 대한 세 가지 정의 (① 셀베이션 ② 쏘테리아 ③ 기독교 대사전)를 종합 정리해 보면 결국 한 가지의 확실한 구원의 정의를 얻어낼 수가 있다. 그것은 곧 "예수님이 구원이시다."라는 마지막 한 가지 결론에 도달할 수밖에 없다. "예수가 구원이시다!" 이것이 가장 복음적인 완벽한 구원의 정의이다.

　그래서 마태복음 1:21에 나타난 예수란 이름의 뜻은 헬라어로는 "예수스"(Ἰησοῦς) 라고 하고 히브리어로는 "여호수아"(예수아 יְהוֹשֻׁעַ)란 말과 동의어로서 그 뜻은 "여호와는 구원이시다."란 뜻이다. 따라서 예수란 이름 자체가 "예수는 나의 구원자"란 뜻이다.

　그러기에 성경은 말하기를 "누구든지 주의 이름을 부르는 자는 구원을 얻으리라."라고 말씀해 주고 있다 (롬 10:13 참조). 그러므로 결국 예수가 구원이시니 구원이신 예수님을 만나 그 예수님을 영접해서 예수님과

이제 끝으로 생생한 실화 한 토막을 소개해 드리고
"구원의 정의"에 대한 말씀을 매듭짓고자 한다. 어느
전쟁 중에 전투부대 통신병이 중대한 긴급사항을 명
령받았다. 그런데 때마침 불행하게도 모든 통신수단
이 폭격으로 두절되어 명령을 전달할 수 없는 상황이
었다. 끊어진 전선을 연결하는 것 이외에는 다른 방법
이 없었는데 그때 상황으로는 시간도 급박하고 연결할
방법도 없었다. 이 급박한 절대절명의 상황 속에서 통
신병은 양쪽의 전선을 자신의 양손으로 붙잡아 자기의
생명을 걸고 마지막 메시지를 아군지원부대로 무사히
보낼 수가 있었다. 그리고 그 중대한 임무를 마치고 나
서 그 통신병은 그 자리에서 즉시 절명하고 말았다. 이
얼마나 장하고도 애석한 죽음인가! 그런데 바로 이와
같은 충격적인 사실은 죄와 사망에 빠져있는 죄인인
우리와 하나님과의 관계에서 일어난 사건과도 같다는
것을 우리에게 깨우쳐 주고 있다. 우리가 죄로 인해 하
나님과의 영적관계가 끊어지고 죄와 사망과 사탄의 노

예로 전락해 버렸을 때 하나님의 독생자 예수 그리스도께서 한 손으로는 하나님을 잡고 또 다른 한 손으로는 우리를 붙잡은 채 갈보리 언덕 십자가에서 속죄보혈을 흘리시고 죽으심으로 원수되었던 하나님과 우리의 관계를 완전히 회복시키시고 영원한 속죄구원을 완성시키셨다. 그러기에 로마서 5:10에 보면 "곧 우리가 원수되었을 때에 그 아들의 죽으심으로 말미암아 하나님으로 더불어 화목되었은즉 화목된 자로서는 더욱 그의 살으심을 인하여 구원을 얻을 것이니라."라고 말씀해 주고 있다(엡 2:14–18, 딤전 2:5 참조).

결론

사랑하는 성도 여러분!

　구원의 정의가 무엇인가를 다시 한번 명심하고 기억하고 가슴 깊이 새겨 넣자. "예수가 구원이시다!"라는 이 영원한 구원의 복음을! 지금 이 시간 가슴에 손을 얹고 스스로 자문자답해보자!

① 당신은 과연 구원이신 예수님을 분명히 만나신 적

이 있는지요? 무엇이 은혜인가? 내 생애 여로에서 구원이신 예수님을 만나는 것이다 (마 11:28 참조).

② 또한 당신은 그 구원이신 예수님을 만날 뿐 아니라 그 예수님을 당신 마음속 왕좌에 나의 왕, 나의 구세주로 영접해 드리셨는가? 죄인이 거듭나서 하나님 자녀되는 비결은 죄인과 괴수인 나를 찾아 오신 주님을 영접해 드리는 것이다 (요 1:12 참조).

③ 이제 한 걸음 더 나가서 당신은 이미 믿고 영접해 드린 그 구원이신 주님과 함께 험한 인생길을 동행하며 살아가고 있는지요? 그렇다면 남은 생애 주와 동행하며 성령충만하게 살아가는 비결이 무엇인가? 내 자아가 깨어져 죽고 내 혼 속에 예수님을 왕으로 모시고 이 땅 위에서 천국을 연습하며 살아가는 생활이라는 사실을 명심하기 바란다 (갈 2:20 참조).

성도 여러분!

무엇이 구원입니까? 예수가 구원이시다!

무엇이 구원입니까? 예수가 구원이시다!

무엇이 구원입니까? 예수가 구원이시다!

아멘! 할렐루야!

구원의 방법

본문말씀

"너희가 그 은혜를 인하여 믿음으로 말미암아 구원을 얻었나니 이것이 너희에게서 난 것이 아니요 하나님의 선물이라 행위에서 난 것이 아니니 이는 누구든지 자랑치 못하게 함이니라"(엡 2:8-9).

서론

우리 인간이 죄와 사망에서 구원받기 위해서는 가장 먼저 구원이란 무엇인가 하는 것부터 알아야 한다. 그

구원이란 무엇인가

래서 지난 과에서는 구원의 복음 시리즈 제1탄으로 "구원의 정의"에 대해서 살펴 본 바 있다. 앞에서 증거한 말씀의 핵심내용을 다시 요약해 드리면 다음과 같다.

"구원은 무엇인가?" "예수가 구원이시다" 예수님은 결코 구원론을 강의하고 구원설을 주창한 구원학파의 학장이나 주임교수가 아니다. 또한 예수님은 결코 천국 구원 관광회사의 사장이나 가이드가 아니다. 예수님 자신이 곧 유일한 구원의 길과 진리와 생명이 되시는 구원의 주요 구원의 하나님이시다(요 20:29 참조). 따라서 우리 죄인이 구원에 이르는 길과 전반적인 과정은 이러하다.

① 예수가 구원이시니 내 인생 여로에서 예수님을 만나야 한다. 구원이신 예수님을 만나는 것이 하나님의 은혜요 구원의 시작이다.

② 구원이신 예수님을 나의 구세주로 시인하고 영접해 드려야 한다. 영접해 드리는 것이 곧 믿음이요, 거듭나서 하나님 자녀가 되는 방법이다.

③ 구원이신 예수님과 함께 인생길을 걸어야 한다. 내 혼 속에 예수님을 왕으로 모시고, 주와 동행하는

생활로 살아가는 것이 성화의 구원을 이루어 나가는 길이요, 성령충만하게 살아가는 비결이다.

④ 창조주 하나님께서 내 영혼을 부르시는 날 구원이신 예수님 손에 이끌려 영원한 본향 천국으로 들려 올라가야 한다. 예수님과 함께 천국에 들어가기 위해서는 불가불 육체의 썩은 장막을 벗어 버리고 예수님과 같이 썩지 않고 다시는 죽지 않을 부활의 몸으로 온전히 변화되는 과정을 거쳐야 한다. 이것이 곧 영화의 구원으로 들어가는 과정이다.

⑤ 구원이신 예수님과 천국에서 영원히 함께 살아가야 한다. 예수님과 함께 천국에서 영원히 함께 살아가는 것이 곧 구원의 완성이요, 영생복락을 누리는 성도의 최고, 최대, 최후의 소망인 것이다.

이상에서 요약해 놓은 것이 바로 구원의 복음 시리즈 제1탄으로 말씀드린 "구원의 정의"에 대한 핵심내용이다. 이제 이번 과에서는 앞서서 살펴본 데 이어서 구원의 복음시리즈 제2탄으로 "구원의 방법"에 대한 말씀을 풀어 나가면서 피차 은혜를 받고자 한다.

하나님의 살아계심과 내세 천국의 실존을 믿는 자

에게 있어서 가장 긴요한 최대의 질문은 어떻게 해야 구원을 얻을 수 있겠는가? 하는 문제가 아닐 수 없다.

오늘날 우리 신자들에게 있어서 구원의 복음을 바로 알고 구원의 확신을 가지고 살아가는 것보다 더 중요한 것은 없다. 왜냐하면 우리 인생에게 있어서 노후 대책보다 비교도 할 수 없을 정도로 근본적으로 가장 중요한 문제는 사후 대책이기 때문이다(히 9:27 참조).

기독교 2천년 역사상 죄인의 영혼이 어떻게 죄와 사망에서 구원받을 수 있는가? 하는 구원의 방법에 대해서 전통적으로 주장되어온 각기 다른 세 가지의 견해가 있다.

첫째, 구원은 행함으로 얻는다.

둘째, 구원은 믿기도 하고 행하기도 해야 얻는다.

셋째, 구원은 오직 믿음으로 얻는다.

그렇다면 과연 이 세가지 견해 중 어느 주장이 가장 올바른 정답일까? 따라서 오늘날 우리가 구원 얻는 방법을 올바로 이해하기 위해서는 다음과 같은 세 가지 질문에 대한 정확한 성서적인 해답을 얻어야만 한다.

즉 ① 구원을 행함으로 얻는가?

　② 구원은 믿기도 하고 행하기도 해야 얻는가?

　③ 구원은 오직 믿음으로 얻는가?

그러므로 이제 이상의 세 가지 질문에 대한 가장 올바른 해답을 성경에서 하나 하나 찾아보기로 하자(단 여기에서 말하는 구원은 영의 구원을 전제로 한다).

Ⅰ. 구원은 행함으로 얻을 수 있다는 주장

이와 같은 견해는 주로 예수님 당시 바리새적인 종교 지도자들과 오늘날 율법적인 신자들의 주장이다. 그러나 성경은 누가 뭐라고 해도 율법적, 도덕적, 윤리적, 선행적, 종교적인 행함으로는 절대로 구원을 받을 수가 없다는 사실을 강조해 주고 있다. 그러기에 로마서 3:20에 보면 "그러므로 율법의 행위로 그의 앞에 의롭다 하심을 얻을 육체가 없나니 율법으로는 죄를 깨달음이니라."라고 말씀해 주고 있다.

거울과 물과의 관계는 율법과 예수 그리스도의 보

혈의 관계와 같다. 따라서 가장 좋은 실례를 든다면 우리 인간이 거울을 보고 자기 얼굴에 더러운 오점을 발견하지만 그 더러워진 오점을 씻는 것은 거울이 아니라 물로서만 씻을 수 있다. 이와 마찬가지로 우리 인간이 율법이란 거울 앞에서 죄를 깨닫게 되지만 그 율법의 행위로 죄를 깨끗하게 하는 것은 불가능하다. 오직 예수 그리스도의 십자가 보혈의 피로써만 죄를 깨끗이 씻을 수 있다(약 1:23-25;히 9:14 참조). 그러므로 디모데후서 1:9에 보면 "하나님이 우리를 구원하사 거룩하신 부르심으로 부르심은 우리의 행위대로 하심이 아니요 오직 자기 뜻과 영원한 때 전부터 그리스도 예수 안에서 우리에게 주신 은혜대로 하심이라." 라고 말씀해 주고 있고, 디도서 3:5에도 보면 "우리를 구원하시되 우리의 행한바 의로운 행위로 말미암지 아니하고 오직 그의 긍휼하심을 좇아 중생의 씻음과 성령의 새롭게 하심으로 하셨나니."라고 말씀해 주고 있다(롬 3:28, 갈 2:16 참조).

따라서 만에 하나라도 행함으로 구원이 가능하다면 예수 그리스도의 십자가의 죽음과 부활은 완전히 무용지물이 되고 말 것이다. 그러기에 갈라디아서 5:4의 말씀은 "율법 안에서 의롭다 함을 얻으려 하는 너희는 그리스도에게서 끊어지고 은혜에서 떨어진 자로다."라고 선포해 주고 있다. 그러므로 이제 한 가지 분명한 사실은 범죄타락한 본질적인 죄성과 타락성과 부패성을 가진 인간은 하나님의 율법을 다 지킬 수도 없거니와 설령 다 지킨다고 하더라도 그 율법적인 행위로는 절대로 의롭다 함을 받을 수도 없고 구원을 얻을 수도 없다는 사실을 명심해야 한다(갈 3:10-11, 약 2:10-11 참조).

따라서 행함으로 구원을 얻을 수 있다는 주장이나 견해는 비성서적인 전혀 잘못된 주장이라는 확실한 사실을 의심 없이 믿으시기 바란다.

II. 구원은 믿기도 하고 행하기도 해야 얻을 수 있다는 주장

이와 같은 견해는 주로 가톨릭적인 신자들의 주장이다. 믿음만 가지고는 구원받을 수 없고 그 믿음에다 어느 정도 행함을 더해야 구원을 받을 수 있다는 주장

이다. 이 두 번째 주장은 이를테면 믿음(50%) + 행함
(50%) = 구원(100%)이라는 주장이다. 따라서 우리가
언뜻 들으면 이 두 번째 주장이 가장 설득력 있는 타
당한 견해처럼 들릴 수가 있다.

그러나 사실상 행함이란 참 믿음 뒤에 당연히 따라
오는 것이지 결코 처음부터 믿음과 동일선상에서 똑
같은 비중으로 구원의 필수조건은 될 수가 없다는 사
실이다. 그러기에 로마서 3:27－28에 보면 "그런즉 자
랑할 데가 어디뇨? 있을 수가 없느니라 무슨 법으로냐
행위로냐 아니라 오직 믿음의 법으로니라 그러므로
사람이 의롭다 하심을 얻는 것은 율법의 행위에 있지
않고 믿음으로 되는 줄 우리가 인정하노라."라고 선포
해 주고 있다. 그러므로 믿음으로 구원받은 사람에게
행함이란 그 다음 단계로 따라오는 법이지 아예 처음
부터 믿기도 하고 또한 선행의 공로도 많이 쌓아야 그
대가나 공로로 구원받는 것은 결코 아니다. 그렇다고
신앙생활에 행함이 전혀 필요없다는 말은 아니다. 단
<u>구원의 조건으로서 행함을 믿음과 똑같은 비
중과 위치에 두어서는 안된다</u>는 말이다.

그렇다면 마태복음 7: 21의 "나더러 주여 주여 하는 자마다 천국에 다 들어갈 것이 아니요 다만 하늘에 계신 내 아버지의 뜻대로 행하는 자라야 들어가리라."라고 한 말씀이나, 야고보서 2:26의 "영혼없는 몸이 죽은 것 같이 행함이 없는 믿음은 죽은 것이니라."라고 한 말씀과 같은 성경구절들을 어떻게 이해하고 받아드려야 하는가? 하는 질문이 나올 수 있다.

그러나 이러한 말씀들은 어디까지나 예수님께서 불신자들에게 구원의 조건으로 주신 말씀이 아니요, 이미 믿고 구원받았다는 성도들을 각성하도록 깨우치는 교훈으로 주신 말씀임을 알아야 한다.

구원에 있어서 믿음과 행함과의 관계를 다음과 같이 정리해 볼 수 있다. 즉 "참 복음을 들으면 참 믿음이 생기고 참 믿음이 있으면 참 행함이 따르게 마련이다"(롬 10:17 참조). 이는 마치 사람이 태양을 똑바로 보고 걸어가면 그림자가 자동적으로 따라오는 것과 꼭 마찬가지로 의의 태양이 되신 예수님을 믿음으로 똑바로 보고 걸어가면 행함이란 그림자는 반드시 뒤따르게 되어 있다는 원리와 같은 것으로 이해하면 될 것이다.

그러므로 오직 믿음으로 구원받는다는 말은 행함이 뒤따르는 참 믿음을 전제한 말임을 기억해야 한다. 따라서 죄인 누구나 처음부터 온갖 구습을 끊어버리므로 구원받는 것이 아니고 믿고 구원받으면 점진적으로 구습이 끊어지는 것이 정상순서인 것이다. 그러므로 결국 구원은 믿기도 하고 행하기도 해야 얻을 수 있다는 주장은 가장 합리적인 견해인 것 같으나 성서적으로 분석해 볼 때는 복음적인 해답이 될 수 없다는 결론을 내릴 수 밖에 없다.

Ⅲ. 구원은 오직 믿음으로 얻을 수 있다는 주장

이와 같은 견해는 가장 성서적이고 복음적인 신앙자들의 주장이다. 성경이 말하는 인간의 구원은 전적으로 하나님께서 사랑과 은혜의 선물로 거저주신 구원을 다만 인간 편에서는 죄를 깨닫고 회개한 믿음이란 손으로 받아드리기만 하면 그 즉시 구원은 아무 조건

없이 나의 구원이 될 수 있다고 선포해 주고 있다.

이것이 바로 구원에 대한 복음의 핵심적인 진리이다. 그러기에 에베소서 2: 8-9에 보면 "너희가 그 은혜로 인하여 믿음으로 말미암아 구원을 얻었나니 이것이 너희에게서 난 것이 아니요 하나님의 선물이라 행위에서 난 것이 아니니 이는 누구든지 자랑치 못하게 함이니라."라고 말씀해 주고 있다(요 3:16, 요 1:12, 계 3:20 참조). 즉 오직 예수! 오직 믿음! 이것이 구원에 대한 만고불변의 복음진리이다.

16세기 독일신부 마틴 루터는 로마의 법왕청 빌라도의 층계를 무릎 꿇고 올라가며 고해성사를 하는 순간 로마서 1:17의 말씀 즉 "오직 의인은 믿음으로 말미암아 살리라" 하는 말씀에 큰 도전과 강한 영감을 받고 비텐베르크시에서 95개조의 항의문을 내걸고 종교혁명을 했다. 그때 종교개혁 기치로 내세운 명제가 곧 "오직 믿음"(Sola Fide)이다.

그러므로 결국 구원은 오직 믿음으로만 얻을 수 있다는 주장이 가장 성서적이고 복음적인 구원의 방법이라는 진리를 재삼 명심해야만 하겠다. 그러기에 로마서 3:28에도 "그러므로 사람이 의롭다 하심을 얻는 것은 율법의 행위에 있지 않고 믿음으로 되는 줄을 우리가 인정하노라."라고 선포해 주고 있다. 아멘.

이제 끝으로 감동적인 실화 한 토막을 소개해 드리고 "구원의 방법"에 대한 말씀을 매듭짓고자 한다. 한국 동해안 바닷가에 위치한 작은 교회에서 부흥강사를 초청해서 한 주간 동안 특별부흥집회를 가졌다. 토요일 새벽기도로 부흥회를 다 마치고 모든 교인들은 하나같이 다 은혜를 받고 집으로 돌아갔다. 그러나 그때까지 집으로 돌아가지 않고 남아있던 한 소녀가 교회당 한구석에서 몸부림을 치며 계속 울고만 있었다. 그 소녀를 발견한 그 교회 담임목사님은 그 소녀에게 그 연유를 물었다. 그랬더니 그 소녀가 대답하기를 "목사님" 다른 교인들은 다 은혜를 받고 기쁜 마음으로 돌아갔으나 나는 이제껏 지은 죄가 너무 많아서 주님께서 내 죄만은 그렇게 쉽게 다 용서해 주셨다는 말씀이 아직까지 믿어지지 않으니 어떻게 해야 이 양심의 가책과 죄책감의 고통을 해결할 수 있겠습니까? 라고 눈물로 고백했다. 그 말을 들은 목사님은 조용히 그 소녀의 손을 잡고 바닷가로 걸어나가서 그 소녀에게 이렇게 물었다.

"그대가 지은 죄가 얼마나 많기에 한 주간 동안이나 회개하고 나서도 아직까지 사죄의 확신을 갖지 못하고 있소?" 그랬더니 그 소녀가 자기 손으로 바다 모랫더미를 자기 키보다도 훨씬 더 높이 쌓아 놓고 하는 말이 "목사님! 제가 지난 날에 지은 모든 죄가 아마도 이 모랫더미보다도 훨씬 더 많을 것 같습니다." 라고 말했다. 그때 목사님은 그 소녀에게 "소녀여! 조금만 기다려 보시요!" 라고 말했다. 바로 그 순간 잠시 썰물로 빠져나갔던 바닷물결이 다시 밀물로 몰려와서 그 소녀가 높이 쌓아 놓았던 모랫더미를 순식간에 흔적도 없이 다 쓸어가 버리고 그 자리에는 하얀 파도 물결만 철썩거리고 있었다. 그때 그 목사님은 모랫더미를 다 쓸어간 깨끗한 모래사장을 손가락으로 가리키며 "사랑하는 소녀여! 그대가 지은 죄가 바다 모랫더미보다 많다 하더라도 그 죄를 이미 십자가의 피로 다 씻기시고 용서해 주신 주님의 사랑은 이 바다보다 넓고 저 하늘보다 높다는 사실을 아직까지 믿지 못하겠소?"라고 말했다. 그 순간 성령의 뜨거운 감화감동의 역사가 목사님의 시청각 교훈을 통해서 사죄의 확신으로 그 소녀의 어두운 마음속에 강렬하게 부닥쳐 왔다. 그 소녀는 그 자리에서 즉시 해변에 무릎을 꿇고 주님의 속죄 은총을 깊이 감사함과 동시에 사죄 확신의 뜨거운 감격의 눈물을 강물처럼 쏟아내기 시작했다. 때 마침 동녘에서 밝아온 해 맑은 아침햇살을 온 몸에 받으며 목사님과 그 소녀는 다정하게 손을 잡고 한없이 펼쳐진 해변을 함께 걸어가며 어린아이처럼 춤추며 온 해변이 떠나갈 듯이 찬송을 불렀다.

찬송가 183장

① 나 속죄함을 입은 후 한없는 기쁨을 다 측량할 수 없어서 늘 찬송합니다. 한없는 기쁨을 다 헤아릴 수 없어서 늘 찬송합니다.

진실로 사죄의 확신과 구원은 율법적이요, 도덕적, 윤리적인 행함으로 말미암지 않고 예수 그리스도의 십자가를 통해서 나타난 하나님의 사랑과 예수 그리스도의 보혈의 피 공로를 믿는 오직 믿음으로만 얻을 수 있다는 사실을 의심없이 믿고 구원의 주님께 감사와 찬송을 돌려드리시기를 바란다.

결론

사랑하는 성도 여러분!

이번 과에서 결론으로 한 가지 꼭 짚고 확인하고 넘어가야 할 중요한 질문이 있다. 그것은 곧 오직 믿음으로 누구나 구원이신 예수님 앞에 나오기만 하면 아무 공로 없이 거저주신 은혜의 선물로 받을 수 있는 구원을 왜 오늘날 모든 사람이 다 받지 못하고 있는가? 그 가장 큰 이유는 오직 한가지다. 하나님께서 주시는 구원이 너무 쉽고도 너무 어렵기 때문이다. 즉 하나님께서 주시는 구원을 율법적인 행함으로 받으려고 할 경우 그것처럼 어려운 것은 없다. 어렵다기보다는 사실상 불가능하다는 표현이 가장 적합한 표현이다.

그러나 하나님께서 값없이 은혜의 선물로 주시는 구원을 단순한 믿음으로 받아 드릴 경우에는 그것처럼 쉬운 것이 없다. 결국 하나님의 은혜는 너무 크고 그 은혜를 받아 드려야 할 우리 인간의 믿음의 그릇은 너무 적으니 감당을 못한다고 보아야 하겠다. 가령 길가에 지나가는 사람에게 1불을 준다면 믿어도 100만불 준다면 믿겠는가? 또한 목사님이 강대상에 먼저 올라오는 장로에게 100불 정도 준다면 믿어도 100만불 준다고 하면 믿을 장로가 있겠는가? 그런데 단 어린아이의 경우는 다르다.

가령 길 가는 어른과 어린아이를 각각 불러 세워놓고 공짜로 고급손목시계를 그냥 준다고 제의할 경우 어른과 달리 어린아이는 사양치 않고 선뜻 받아들일 것이다.

어린아이는 누구나 무엇을 준다고 해도 일단 믿고 받으려고 하는 것이 사실이다. 그래서 예수님께서는 마태복음 18:3에서 "진실로 너희에게 이르노니 너희가 돌이켜 어린아이들과 같이 되지 아니하면 결단코 천국에 들어가지 못하리라."라고 말씀해 주셨다.

성도 여러분!

지금 이 시간 다시 한번 구원은 어떻게 얻을 수 있는가에 대한 말씀을 각자 마음속에 깊이 새겨 넣으시기 바란다.

① 구원은 행함으로 얻는 것이 아니다.

② 구원은 믿기도 하고 행하기도 해야 얻는 것도 아니다.

③ 구원은 오직 믿음으로만 얻을 수 있다는 사실을 의심없이 믿고 받아드리시기를 주님의 이름으로 축원하는 바이다.

우리 모두 에베소서 2:8-9절에 나타난 "너희가 그 은혜를 인하여 믿음으로 말미암아 구원을 얻었나니 이것이 너희에게서 난 것이 아니요 하나님의 선물이라 행위에서 난 것이 아니니 이는 누구든지 자랑치 못하게 함이니라."라고 하신 말씀을 각자 마음판에 깊이 새겨두기 바란다.

"구원은 오직 믿음!"

"구원은 오직 믿음!"

"구원은 오직 믿음!"

아멘! 할렐루야!

구원의 종류

본문말씀

"평강의 하나님이 친히 너희로 온전히 거룩하게 하시고 또 너희 온 영과 혼과 몸이 우리 주 예수 그리스도 강림하실 때에 흠 없게 보전되기를 원하노라"(살전 5:23).

서론

우리는 이제껏 연속적으로 구원의 복음에 관한 말씀을 공부해 왔다. 구원의 복음 시리즈 제1탄으로 "구원이란 무엇인가?" 그 정답은 "예수가 구원이시다."

예수가 구원이시다

라고 하는 구원의 정의에 대해서 말씀을 드렸다. 그리고 구원의 복음 시리즈 제2탄으로 구원은 어떻게 얻을 수 있는가? 구원은 오직 믿음으로만 얻을 수 있다고 하는 구원의 방법에 대해서 말씀을 드린 바 있다. 이제 이번 과에서는 구원의 복음 시리즈 마지막 제3탄으로 구원의 종류, 곧 구원의 전반적인 과정에 대해서 함께 살펴보면서 피차 은혜를 받고자 한다.

성경을 보면 인간의 전인적 구원의 전반적인 과정을 세 가지의 종류와 단계로 나누어 언급해 주고 있다. 즉 과거구원, 현재구원, 미래구원의 세 가지 시제(tense)로 나누어 말씀해 주고 있다.

① 과거구원→ "너희가 그 은혜를 인하여 믿음으로 말미암아 구원을 얻었나니"(엡 2:8)

② 현재구원→ "두렵고 떨림으로 너희 구원을 이루라"(빌 2:12)

③ 미래구원→ "주께서 나를 모든 악한 일에서 건져 내시고 또 그의 천국에 들어가도록 구원하시리니"(딤후 4:18)

대부분의 교인들은 이 세 가지 구원에 대해서 매우 혼란스럽게 생각하고 있다. 그래서 이번 과에서는 먼저 서론적으로 성경에서 말하는 과거구원, 현재구원, 미래구원을 인간의 3대 기본구성요소인 영과 혼과 몸에 연결시켜 종합정리해 드리고자 한다.

1) 과거구원은 영의 구원, 곧 중생의 구원을 말한다(Justification). 그 이유는 예수님을 내 영 속에 구주로 믿고 영접해 드림으로 내 영이 거듭나서 하나님의 자녀가 되는 중생의 구원은 이미 지나간 과거 어느 시점에서 이루어진 과거 구원의 역사이기 때문이다. 우리는 과거 중생의 구원을 통해 이미 죄인이 의인으로 바뀌어지는 신분의 변화를 얻게 되었다.

2) 현재구원은 혼의 구원, 곧 성화의 구원을 말한다(Santification). 그 이유는 내 자아(혼)가 깨어져 내 옛사람은 죽고 이미 내 영 속에 구주로 들어와 계신 예수님의 영이신 곧 성령하나님을 내 혼 속에 왕으로 모시고 성령충만하게 살아가므로 이루어지는 성화의 구원은 현재 계속 점진적으로 진행되어

나가고 있는 현재구원의 역사이기 때문이다. 우리
는 현재 성화의 구원을 통해 거룩하신 예수님의 인
격과 형상을 닮아 가는 인격과 생활의 변화를 점진
적으로 경험해 나가고 있다.

3) 미래구원은 몸의 구원, 곧 영화의 구원을 말한
다(Glorification). 그 이유는 장차 죽으면 땅에 묻
혀서 썩을 내 몸이 예수님께서 재림하시는 나팔소
리를 듣는 순간 이미 사망권세를 이기시고 부활하
신 예수님과 똑같은, 영원히 죽지 않을 영광스러운
부활의 몸으로 홀연히 변화될 영화의 구원은 장차
이루어질 미래구원의 역사이기 때문이다. 우리는
미래 영화의 구원을 통해 예수님과 같은 영광스러
운 부활체로 체질마저 온전히 변화될 것이다.

이것은 마치 인간이 출생이라는 일회적이요 순간
적인 역사를 통해 이 세상에 태어나서 성장이라는 일
생적이요 점진적인 과정을 거쳐 자라가다가 죽음이
라는 일회적이요 순간적인 사건을 통해 인간 일생 (한
평생)이 마쳐지는 것과 똑 같은 원리라고 볼 수 있다.
그렇다면 이것과 마찬가지 맥락에서 우리 성도의 생

애도 역시 중생이라는 일회적이요 순간적인 역사를 통해 새 생명으로 거듭나서 성화라는 일생적이요 점진적인 과정을 거쳐 인격과 생활이 성숙해져 가다가 영화라는 일회적이요 순간적인 사건을 통해 체질마저 영원히 죽지 않을 부활체로 변화될 때 비로소 천국에 들어가 영생복락을 누리게 될 것이다.

그러므로 결국 성경에서 말하는 구원의 전반적인 과정은 영의 구원만도 아니고 혼의 구원만도 아니고 몸의 구원만도 아니라 곧 영과 혼과 몸 전체의 입체적인 구원, 이른바 전인구원(Whole Salvation)을 의미해 주고 있다(살전 5:23 참조).

그런데 우리가 여기까지 설명해 온 인간의 영과 혼과 몸의 전인적인 구원을 좀 더 깊이 이해하려고 하면 다음의 세 가지 사실을 꼭 알아야 한다.

인간의 영과 혼과 몸의 전인적인 구원

Ⅰ. 인간의 영과 혼과 몸의 3중 창조

성경은 인간은 창조주 하나님으로부터 태초에 영과

혼과 몸의 3요소를 갖춘 성삼위 하나님의 모양과 형상을 닮은 인격적인 존재로 만들어졌다는 사실을 선포해 주고 있다.

대표적인 구절을 살펴보면 창세기 2:7에 "주 하나님께서 땅의 흙으로 사람을 지으시고 그의 콧구멍에다 생명의 호흡을 불어 넣으시니 사람이 <u>살아 있는 혼</u>⟨living soul⟩이 된지라."(킹제임스 번역본)라고 말씀해 주고 있으며, 이사야 57: 16 하반절은 "…나의 지은 그 <u>영</u>과 <u>혼</u>이 내 앞에서 곤비할까 함이니라."라고 말씀해 주고 있으며, 히브리서 4:12에서도 "하나님의 말씀은 살았고 운동력이 있어 좌우에 날선 어떤 검보다도 예리하여 혼과 영과 및 관절과 골수를 찔러 쪼개기까지 하며."라고 말씀해 주고 있다.

따라서 인류시조 첫 아담의 범죄타락 이전의 영, 혼, 몸의 상태는 다음과 같다.

　즉① <u>영</u>은 하나님께서 불어 넣으신 <u>생명</u>으로 충만한 상태 (창 2:7 참조)였고,

　② <u>혼</u>은 하나님의 풍성한 아가페적인 <u>사랑</u>으로 충만한 상태(창 2:23-25참조) 였고,

③ 몸은 병들지 않고 늙지 않은 강건함으로 충만

한 상태(창 2:15참조) 였다. 이것이 바로 범죄 타

락 이전의 인간의 참모습이었다.

(※ 관련 도표는 60페이지 참조.)

II. 인간의 영과 혼과 몸의 3중 타락

첫 아담 인류 시조가 금단의 열매 선악과를 따먹고 범

죄타락한 결과 그 이후의 영, 혼, 몸의 상태는 다음과

같이 타락되고 말았다.

즉 ① 영은 생명의 본체이신 하나님과 생명의 단절

로 인해서 사망에 빠지게 되었고,

② 혼은 하나님의 사랑의 영이 떠나므로 불안, 공

포, 근심, 염려, 의심, 고민, 절망 등의 심적 고

통으로 변질되고 타락되었으며

③ 몸은 육체가 죄로 시들어가는 현상인 질병으로

죽어갈 수밖에 없었다, 그러므로 결국에는 첫 아

담 인류시조의 범죄타락 결과 그 이후의 우리 인

간의 형편과 처지는 다음과 같이 되고 말았다.

즉 ① 영은 죽은 상태로 태어나서 (엡 2:1 참조)

② 혼은 일생 온갖 심적 고통 속에 시달리며 살다가 (시 90:10 참조)

③ 몸은 결국 병들어 죽을 수밖에 없는 존재가 되고 말았다 (전 12:1-8 참조).

이것이 바로 범죄 타락 이후의 인간의 변질된 모습이다.

(※ 관련 도표는 61페이지 참조.)

Ⅲ. 인간의 영과 혼과 몸의 3중 구원

인류시조 첫 아담의 범죄타락을 만회하고 회복시키시기 위해 이 세상에 마지막 아담으로 오신 (고전 15:45 참조) 예수 그리스도는 결국 다음과 같은 3중 구원의 역사를 이루셔야만 하셨다.

즉 1) 과거 2천년 전에는 육신을 입고 오셔서 십자가에 피 흘려 죽으시므로 우리 영의 속죄구원을 다 이루셨다(히 9:11-12참조).

그러기에 요한복음 19:30에 보면 "예수께서 신포도

주를 받으신 후 가라사대 다 이루었다 하시고 머리를 숙이시고 영혼이 돌아가시니라.”라는 말씀이 있는데, 여기서 “다 이루었다.” (테 텔레스타이 Τετέλεσται) 라고 하신 말씀의 원어의 뜻은 “Paid in Full” 즉 “지불완료”라는 뜻이다. 따라서 이미 예수님을 내 영 속에 구주로 믿고 영접하므로 거듭난 하나님의 자녀는 언제 죽어도 그 즉시 영혼이 천국에 들어갈 수 있다는 구원의 확신있는 믿음을 가지고 살아가는 것이 가장 중요한 일임을 명심해야 한다(요 5:24 참조).

※ 속사람 영이 거듭난 진짜 신자와 영이 아직까지 거듭나지 못한 가짜 신자를 판별하는 두 가지 질문이 있다.

가령 ① “예수님께서는 지금 어디에 계십니까?” “저 천국에 계시겠지요.”라고 말하면서 손가락으로 하늘을 가리키는 신자는 아직까지 가짜 신자이다.

② “오늘 밤 죽는다면 천국 갈 확신이 있습니까?” “그거야 죽어봐야 알지요?” 하고 한숨을 푹 내쉬면서 대답하는 신자는 두말할 것도 없이 가짜 신자이다.

2) 현재 사망권세 정복하시고 부활하신 예수님께

서 구원받은 성도들의 심령 속에 성령으로 임재해 오
셔서 우리 혼의 성화의 구원을 이루어 나가고 계신다
(갈 5:22-24 참조).

　　로마서 8:9에 보면 "만일 너희 속에 하나님의 영이
거하시면 너희가 육신에 있지 아니하고 영에 있나니
누구든지 그리스도의 영이 없으면 그리스도의 사람이
아니라."라고 말씀해 주고 있다. 따라서 예수님 믿고
영접하므로 거듭난 하나님의 자녀가 내 혼 속에 주님
을 왕으로 모시고 이땅에서 천국을 맛보며 주와 동행
하는 성령충만한 성화의 생활을 계속 유지해 나가기
위해서는 매일 하나님의 말씀과 기도로 자기를 쳐 복
종시키는 경건의 훈련과 신앙의 달음박질을 계속 전
진해 나가야만 한다. 그러기에 하나님의 종 사도바울
은 빌립보서 3:13-14에서 "형제들아 나는 아직 내가
잡은 줄로 여기지 아니하고 오직 한 일 즉 뒤에 있는
것은 잊어버리고 앞에 있는 것을 잡으려고 푯대를 향
하여 그리스도 예수 안에서 하나님이 위에서 부르신
부름의 상을 위하여 좇아가노라."라고 고백해 주고 있
는 것이다(고전 9:27, 고전 15:31, 딤전 5:7-8 참조).

3) <u>미래</u>는 예수님께서 만왕의 왕으로 재림하셔서 우리 몸을 영원히 죽지 않을 신령한 몸으로 변화시켜 주시는 영화의 구원을 이루어 주실 것이다(살전 4:16-17 참조).

그러기에 고린도전서 15:51-52에서는 "보라 내가 너희에게 비밀을 말하노니 우리가 다 잠잘 것이 아니요 마지막 나팔에 순식간에 홀연히 다 변화하리니 나팔 소리가 나매 죽은 자들이 썩지 아니할 것으로 다시 살고 우리도 변화하리라."라고 말씀해 주고 있는 것이다.

이상에서 언급해온 구원의 전과정이 곧 첫 아담의 범죄타락을 만회하고 회복시키시려고 마지막 아담으로 오신 예수님을 통한 인간의 영, 혼, 몸의 3중 구원의 역사인 것이다.

(※ 관련 도표는 62페이지 참조.)

사랑하는 성도들이여!

우리는 장차 예수님께서 피로 얼룩진 인류역사의 장을 닫으시고 이 세상에 곧 다시 재림하실 때 죽은 성도의 부활과 산성도의 휴거를 통해 이루어질 영광스러운 구원의 날을 성도의 최후, 최고, 최대의 소망으로 믿고 기다리고 인내하며 그리스도의 신부로서 영적으로 깨어 믿음의 등불과 성령의 기름과 세마포를 준비하고 살아가야 하겠다(마 10:22, 계 19:7-8 참조). 아울러 우리는 베드로후서 3:11-12에 "이 모든 것이 이렇게 풀어지리니 너희가 어떠한 사람이 되어야 마땅하뇨 거룩한 행실과 경건함으로 하나님의 날이 임하기를 바라보고 간절히 사모하라."라고 하신 말씀 그대로의 자세로 살아가야만 할 것이다.

끝으로 은혜의 감격에 넘치는 실화 하나를 소개해 드리고 "구원의 종류"에 대한 말씀을 마치려고 한다. 한 젊고 신실한 목사님이 목회를 하고 계신 어느 교회 주일 낮 예배 시간에 낯선 노신사 한 분이 함께 참석하여 예배를 드리고 있었다.

그날따라 목사님은 간단히 설교를 마치고 그 노신사 분에게 간증을 부탁 드렸다. 그랬더니 그 노신사는 잠시 과거를 회상하듯 침묵의 시간을 가진 후 입을 열어 그 자리에 모인 교인들에게 다음과 같은 이야기를 들려주었다.

"여러분! 제가 여러분의 담임 목사님과 같은 젊은 나이였을 때 하루는 내 아들과 아들의 가장 가까운 친구를 데리고 배를 타고서 바다낚시를 나가게 되었습니다. 밤새 흥분으로 인해 잠을 설치고 들뜬 마음으로 따라 나온 내 아들과 그 친구를 태우고 저는 보트를 운전하여 물고기가 많이 모여 있을 법한 곳을 찾아가서 낚시를 하고 있던 중이었습니다. 그때 갑자기 하늘에 먹장구름이 덮이더니 비바람이 불며 거센 파도가 몰아치기 시작했습니다. 파도를 타고 높이 올랐다 떨어지는 배로부터 내 아들은 이쪽 편으로 그리고 내 아들의 친구는 저쪽 편으로 튕겨져 나가 바닷물 속으로 빠지고 말았습니다. 두 아이들은 양쪽에서 울부짖으며 제각기 살려달라고 아우성을 치고 있었습니다. 조금만 지체해도 물 속에 가라앉아버릴 급박한 상황이었습니다. 나는 두 아이 중 하나를 선택해야만 했습니다.

물론 나의 마음은 이미 나도 모르게 내 아들에게 가 있었고, 나는 그 쪽을 향해 밧줄을 던지려고 했다. 그 찰나에 내 마음 속에 "그 밧줄을 아직 주님을 알지 못하는 채 죽어가는 네 아들의 친구에게 던져라!"는 주님의 음성이 들려 왔습니다. 그때 나는 아들이냐? 아들의 친구냐? 하나를 살리기 위해 하나를 포기해야 하는 절박한 순간을 맞이했습니다. 이미 나의 아들은 예수님을 믿어 구원을 받았으므로 지금 물 속에서 죽는다고 해도 그 영혼은 천국에 들어가게 될 것이지만 저 내 아들의 친구는 지금 죽으면 영원한 지옥의 멸망으로 떨어질 것을 생각하는 순간 나의 결심은 굳어졌고 나는 내 아들에게 등을 돌리고 돌아서서 아들의 친구를 향해 밧줄을 던졌습니다.

사랑하는 아들이 애타게 울부짖으며 물 속으로 빠져 죽어가는 모습을 눈앞에 보며 나는 통곡하면서 밧줄을 당겨 내 아들의 친구 아이를 건져내었습니다.

오랜 세월이 지난 지금 이 순간에도 내 아들이 마지막 물 속에 최후로 가라앉으면서 이 아비를 향해 울부짖던 처절한 모습이 내 눈앞에 아른거리고 그 애처로운 비명이 내 귀에 들리고 있습니다. 그 간증을 하고 있는 노신사의 눈에서도 그리고 그 기막힌 간증을 듣고 있는 모든 교인들의 눈에서도 하염없는 눈물이 흘러내렸다.

그때 갑자기 회중석에서 한 젊은이가 벌떡 일어서

더니 "할아버지 그 이야기가 너무 극적이라서 정말 할아버지에게서 일어났던 실화라고 믿어지지가 않네요! 그 간증 내용이 정말이라면 그때 할아버지의 아들 대신 살려낸 그 아드님의 친구는 어디에 살고 있는지 분명히 말씀해 주실 수 있는지요?" 그 순간 그 노신사는 양쪽 볼 위를 타고 흘러내리는 눈물을 닦으며 때마침 강단 의자에 앉은 채 흐느끼며 눈물을 쏟고 있는 젊은 목사님을 손가락으로 가리키며 "저기 저 분이 바로 내 아들 대신 살아난 내 아들의 친구입니다." 라고 대답했다. 온 교회는 걷잡을 수 없는 눈물과 감동의 물결로 가득차고야 말았다.

여러분! 이 눈물겨운 간증의 스토리는 여기서 끝나는 것이 아니다. 바로 이 노신사의 가슴 아픈 간증 속에서 우리 모두는 죄인 괴수인 나와 당신들을 사랑하시되 독생자까지 주신 측량할 수 없는 하나님 아버지의 아가페 사랑을 분명히 볼 수 있어야 한다. 하나님 아버지는 그의 독생자 예수 그리스도 대신 죄와 사망의 파도 속에 빠져 죽어가는 나와 당신을 선택하셨다.

그대로 두면 저 지옥의 영원한 불 심판을 받을 수밖에 없는 나와 당신을 건지시기 위해 "엘리

엘리   라마사박다니……"라고, 부르짖으며 마지막 숨을 거두신, 아들 예수의 십자가 상의 그토록 처절한 울부짖음도 외면하시고 죄인 괴수 나와 당신을 향해 생명의 밧줄을 던지셔야만 했다. 그 순간 하늘의 해와 달과 별도 캄캄해졌다. 그 뿐만 아니라 죄악과 사망과 심판의 바다에 구원의 밧줄을 던져 바로 영원한 지옥 자식이 될 나와 당신을 끌어 올리셔야만 하셨던 사랑의 하나님 아버지의 눈에서는 피 눈물을 강물처럼 흘리셔야만 했다. 오늘날 우리는 그 하나님 아버지의 눈물과 뼈 아픈 희생과 독생자 예수님의 갈보리 십자가에서 마지막 한 방울의 피까지 다 쏟아 주신 그 예수님의 피 값으로 속죄 구원을 받았고 천국의 영생을 소유한 하늘 백성이 되었다(요 3:16절 참조).

찬송가 403장

① 나 위하여 십자가의 중한 고통 받으사 대신 죽은 주 예수의 사랑하신 은혜여 보배로운 피를 흘려 영영 죽을 죄에서 구속함을 얻은 우리 어찌 찬양 안 할까?

결론

사랑하는 성도 여러분!

지금 이 순간 우리모두 각자 자신에게 진지한 마음으로 자문자답해 보자.

① 당신은 중생의 구원(영의 구원, 과거 구원)을 받았는가? 아직까지 중생의 구원을 못 받으셨다면 오늘 이 시간 예수 그리스도를 나의 구세주로 믿고 내 영 속에 영접해 드리시기 바란다(계 3:20 참조).

② 당신은 성화의 구원(혼의 구원, 현재구원)을 이루어 나가고 있는가? 아직까지 성화의 구원을 이루어 나가지 못하신다면 지금 이 시간 하나님의 말씀과 성령의 능력으로 자아가 속히 깨어져서 내 혼 속에 주님을 왕으로 모시고 성령 충만한 삶을 새롭게 살아가시기로 작정하시기 바란다(갈 2:20 참조).

③ 당신은 영화의 구원(몸의 구원, 미래 구원)을 받을 영적 준비가 되어 있는가? 아직까지 영화의 구원에 대한 영적 준비가 되어 있지 못하다면 오늘 이 시간부터라도 영화의 구원을 소망으로 바라보

고 준비하고 인내하는 믿음으로 곧 다시 만왕의 왕으로 재림하실 주님을 맞이할 영적 준비를 갖추어 놓고 살아 가야만 하겠다. 아울러 아직까지 재림의 주님을 맞이할 그리스도의 신부로서의 영적 단장을 못하셨다면 지금부터 더 이상 늦기 전에 믿음의 등불, 성령의 기름, 의의 세마포를 속히 준비하는 일에 최선을 다하시기 바란다.

"보라! 내가 속히 오리니 내가 줄 상이 내게 있어 각 사람에게 그의 일한대로 갚아주리라!"(계 22:12 참조).

성도 여러분!

구원의 복음 시리즈 제3탄을 종결지으면서 성경 한 구절을 소개해 드리고 마치고자 한다.

"이것들을 증거 하신 이가 가라사대 내가 진실로 속히 오리라 하시거늘 아멘 주 예수여! 어서 속히 오시옵소서!!"(계 22:20).

“오직 예수!”

“오직 믿음!”

“오직 재림!”

아멘! 할렐루야!

첫 아담 인류 시조의 범죄 타락 이전의 상태

(창 2:7; 창 2:23 – 25; 창 2:15 참조)

1	영 ⇨ 생명 충만 = 영원한 하나님의 생기
2	혼 ⇨ 사랑 충만 = 풍성한 하나님의 사랑
3	몸 ⇨ 건강 충만 = 병들지 않는 하나님의 강건의 능력

※첫 아담 인류 시조의 범죄 타락 이전의 상태※

영은 하나님께서 불어 넣으신 생명(영원한 생명의 기운)으로 충만한 상태(창 2:7)

혼(자아)은 하나님의 풍성한 사랑(아가페적인 사랑)으로 충만한 상태(창 2:23-25)

몸(육)은 병들지 않고 늙지 않는 건강(강건함의 능력)으로 충만한 상태(창 2:15)

첫 아담 인류 시조의 범죄 타락 이후의 상태
(창 2:16-17; 창 3:6-7; 롬 5:12 참조)

1	**영⇨사망**	= 생명의 본체이신 하나님과 생명의 단절
2	**혼⇨심적 고통**	= 불안, 공포, 근심, 염려, 의심, 고민, 절망 등
3	**몸⇨질병**	= 육체가 죄로 시들어가는 현상

※첫 아담 인류 시조의 범죄 타락 결과 우리 인간의 형편과 처지※

영은 죽은 상태로 태어나서(엡 2:1)

혼(자아)은 일생 온갖 심적 고통 속에 시달리며 살다가(시 90-10)

몸(육)은 결국 병들어 죽을 수밖에 없는 존재가 되고 말았다 (전 12:1-8)

인간의 영 · 혼 · 몸의 전인적인 구원

1	예수 (성육신) 요 1:14	⇨ 영 구주로 영접 요 1:12–13	⇨ 속죄구원 과거에 이루어진 구원 엡 1:7	⇨ 예수 (성육신) 요 1:14
2	예수 (성령) 요 14:16–23	⇨ 혼 왕으로 모심 갈 2:20	⇨ 성령충만 현재 이루어 나가는 구원 빌 2:12	⇨ 성화 (혼의 구원) 갈 2:20 ⬇ "주와 동행하는 생활"
3	예수 (재림주) 히 9:28	⇨ 몸 신랑으로 맞이함 마 25:1–13	⇨ 부활·휴거 미래에 이루어질 구원 살전 4:13–18	⇨ 영화 (몸의 구원) 고전 15:51–54

복음의 핵심

본문말씀

"하나님이 세상을 이처럼 사랑하사 독생자를 주셨으니 이는 저를 믿는 자마다 멸망하지 않고 영생을 얻게 하려 하심이니라"(요 3:16).

서론

기독교는 또 하나의 종교가 아니라 예수 그리스도의 생명의 복음이다.

성경 66권에 기록된 살아 계신 하나님의 말씀이 하나의 "큰 복음"이라고 한다면 요한복음 3:16은 큰 복음인 성경 66권의 내용을 한마디로 요약해 놓은 "작은 복음"이라고 할 수 있다.

요한복음 3:16말씀의
내용이 곧 복음의 핵심

따라서 이 요한복음 3:16말씀의 내용이 곧 복음의 핵심이다. 그런데 이 요한복음 3:16에는 다음과 같은 다섯 가지의 중요한 핵심 진리가 나타나 있다.

즉 ① 하나님, ②세상, ③독생자, ④믿음, ⑤영생이 바로 그 핵심 내용이다. 그러므로 이 다섯 가지 복음의 핵심 내용을 차례대로 살펴보면서 함께 신령한 은혜를 나누고자 한다.

Ⅰ. 하나님은 어떤 분이신가?

1. 하나님은 온 우주 만물과 우리 인간을 창조하신 창조주이시다(창 1:1, 사 43:7 참조).
2. 하나님은 창조하신 우리인간의 생사화복 흥망성쇠를 전적으로 주관하시고 다스리시는 전능하신 절대자이다(삼상 2:6-7, 신 32:39 참조).
3. 하나님은 공의와 사랑의 두 가지 속성을 가지신 분

으로 우리를 사랑하시되 독생자 예수님까지 이 세상에 보내 주셔서 우리 영혼을 죄와 사망에서 구원해 주신 사랑의 아버지가 되시는 분이다(요일 3:1, 4:9-10, 롬 8:31-39 참조).

II. 세상이란 무엇인가?

1. 세상이란 아담의 후손인 우리 죄인들 곧 그 죄인 중에 한 사람인 바로 당신을 가리켜 준 말이다(롬 5:12, 요일 4:9 참조).

2. 세상인 우리 인간은 죄에 빠져 하나님으로부터 떠나 있으므로 우리를 향한 하나님의 사랑과 계획을 알 수 없고, 또 그것을 체험 할 수가 없다(롬 3:23, 전 3:11 참조).

3. 세상인 우리 인간은 범죄타락하므로 영원한 사망과 지옥형벌에 빠진 존재가 되고 말았다(롬 3:10-18, 롬 6:23 참조).

Ⅲ. 독생자는 누구이신가?

1. 독생자는 하나님의 아들 예수 그리스도로서 동정 녀 마리아의 몸을 빌려 성령으로 잉태하사 이 세상에 사람의 몸을 입고 탄생하시므로 하나님과 우리 인간 사이에 신·인양성을 겸한 유일한 중보자가 되신 분이다(마 1:20-21, 딤 전 2:5 참조).

2. 하나님의 독생자이신 예수 그리스도는 2천년 전 십자가에서 피 흘려 죽으시고 3일 만에 다시 부활하시므로 우리 죄인들을 죄와 사망으로부터 구속하사 하나님의 자녀가 되게 하신 우리의 구세주가 되시는 분이다(고전15:3-4, 벧전 1:3-4 참조).

3. 하나님의 독생자이신 예수 그리스도는 지금은 영원한 대제사장으로 하나님 보좌 우편에 앉아 계시다가 장차 우리를 천국으로 데려가셔서 영생복락을 누리며 살게 하시려고 이 땅에 곧 다시 재림하실 분이다(요 14:1-3, 계 22:12 참조).

IV. 믿는 자란 어떤 사람인가?

1. 믿는 자란 하나님의 독생자 예수 그리스도를 자기 자신의 구세주로 믿고 영접해 드리므로 속죄구원을 받고 하나님의 자녀가 된 사람을 말한다(롬 8:15-16, 요 1:12 참조).

2. 믿는 자란 자기의 모든 죄를 회개하고 예수 그리스도의 십자가의 죽음과 부활의 복음을 믿고 받아드리므로 속사람 심령이 물과 성령으로 거듭난 사람을 말한다(요 3:5-6, 롬 10:9-10 참조).

3. 믿는 자란 내 영속에 구세주를 믿고 영접한 예수님을 내 혼(마음) 속에 나의 주, 나의 왕으로 모시고 함께 살아가면서 항상 말씀과 기도로 성령충만하게 살아가는 사람을 말한다(계 3:20, 갈 2:20 참조).

V. 영생은 무엇을 의미하는가?

1. 우리 속사람 영혼이 예수님의 흘리신 보혈로 죄 씻음을 받고 구원받은 것을 의미한다(엡 1:7, 벧전 1:18-19 참조).

2. 우리 속 사람 영혼이 하나님 속에 있는 영원한 생명을 받아 드리므로 새로운 피조물로 거듭나서 사망에서 생명으로 옮겨진 것을 의미한다(요 5:24, 고후 5:17 참조).

3. 우리 몸이 장차 영원히 썩지 않을 부활체를 입고 천국에 들어가 성삼위 하나님과 함께 영원히 살게 되는 것을 의미한다(요 11:25, 고전 15:51-53, 살전 4:13 참조).

결론

사랑하는 성도 여러분!

우리 모두 요한복음 3:16을 통해 보여주신 복음의 핵심을 다시 한번 기억하고 명심하자.

"하나님이 세상을 이처럼 사랑하사 독생자를 주셨으니 이는 저를 믿는 자마다 멸망하지 않고 영생을 얻게 하려 하심이니라."

아멘!

할렐루야!

구원의 복음 시리즈 특별부록

복음의 핵심

복음의 핵심

구원의 복음

요한복음 3:16

복음의 핵심(구원의 복음)

요한복음 3장 16절

Ⅰ. 기독교는 종교가 아니라 복음이다(누가복음 2장 10-11절).

Ⅱ. 복음은 예수 그리스도 자신이 복음이요, 구원이시다(로마서 1장 2절, 마태복음 1장 21절).

Ⅲ. 구원이신 예수 그리스도 한 분을 소개한 책이 곧 성경이다(요한복음 5장 39절).

성경 66권을 "큰복음"이라고 한다면 요한복음 3장 16절은 이른바 "작은복음"이라 할 수 있다.

복음의 핵심 내용

"**하나님**이 **세상**을 이처럼 사랑하사 **독생자**를 주셨으니 이는 저를 **믿는 자**마다 멸망치 않고 **영생**을 얻게 하려 하심이니라."

(요한복음 3장 16절)

하나님	⇨	사 랑	요일 4:7-10
세 상	⇨	죄 인(나)	롬 5:12
독생자	⇨	속죄구원	요 19:30
믿 음	⇨	영 접	요 1:12
영 생	⇨	천 국	요 5:24

구원얻는방법 (예수님영접하는방법)

요한계시록 3장 20절

볼찌어다 내가 **문 밖**에 서서 <u>두드리노니</u>	⇨	은혜 (Grace)
누구든지 **내 음성을** 듣고 **문**을 열면	⇨	믿음(Faith)
내가 그에게로 **들어가** 그로 **더불어** 먹고 그는 **나로 더불어** 먹으리라	⇨	구원(Salvation)

에베소서 2장 8-9절

은혜 (예수님) + 믿음 (인간) = 구원 (영생천국)

구원의 복음

지은이	이상남
펴 낸 이	김민영
펴 낸 날	2005. 8. 8.
등록번호	제22-1453호
펴 낸 곳	도서출판 최선의 삶
	(우 137-876) 서울시 서초구 서초동 1589-5
	센츄리 오피스텔 511호
전　화	587-4737
팩　스	587-4733

* 책값은 표지에 있습니다.

ISBN	89-88657-28-4
총　판	(주)기독교출판유통
전　화	(031)906-9191

E·Mail: Malipres@hitel.net

최선의 삶은 독자의 의견에 항상 귀기울이고 있습니다.